Ce livre appartient à

À l'eau !

Les exploits de Maxime et Clara

est une collection destinée aux enfants qui apprennent à lire et qui ont envie de lire des histoires tout seuls. La collection propose trois niveaux progressifs qui suivent les grandes étapes de l'apprentissage de la lecture.

Dans chaque volume, on trouve :

🌸 **l'histoire** d'un petit exploit de Maxime et Clara, deux enfants de six ans, malicieux et débrouillards ;

🌸 **le dossier** (p. 28), qui se compose d'activités pour faciliter les premiers pas de lecteur de l'enfant ;

🌸 **le dico illustré** (p. 32), qui permet à tout moment de la lecture d'identifier un mot grâce à un dessin.

Crédits photos : p. 31 : [hg] © Roger-Viollet/Neurdein ; [hd] © Leemage/Paulka ; [b] © Leemage/SuperStock ; p. 28 à 32 (frise) : Thinkstock/iStockphoto.

Illustrations des pages 28 à 32 : François Garnier, Lise Herzog, Marie-Élise Masson, Stéphanie Rubini.

© Éditions Belin 2013   ISBN 978-2-7011-7629-1

Les exploits de Maxime et Clara

COLLECTION BOSCHER

À l'eau !

Marianne Hubac
Texte et dossier

❀

Marie-Élise Masson
Illustrations

Belin:

8, rue Férou 75278 Paris cedex 06
www.editions-belin.com

Aujourd'hui, c'est le dernier jour d'école
avant les grandes vacances ! Dans la cour,
toute la classe de CP prend le goûter.

– Demain, Maxime et moi, nous partons
trois semaines à Belle-Île, en Bretagne,
dit Clara. Nous allons faire du vélo
et ramasser des coquillages.

– Et moi, je vais apprendre à nager,
dit Maxime.

Avant d'arriver à Belle-Île, Maxime et Clara font un long trajet en voiture. Ils prennent ensuite le bateau à Quiberon.

– Ouf, ça y est, le voyage est fini. J'ai envie de me baigner tout de suite ! s'écrie Clara.

– J'ai un peu peur car je ne sais pas encore nager sans brassards, dit Maxime.

Après avoir posé les valises dans la maison
de vacances, tout le monde part se promener
sur le port. Les enfants sont émerveillés.

– Regarde les couleurs de ce voilier ! dit Clara.

– As-tu vu les goélands qui tournent autour
du phare ? demande Maxime.

– Oh, les pêcheurs sont rentrés, ajoute Clara.
Ils ont rapporté beaucoup de poissons.

Le lendemain matin, Maxime et Clara vont
à la plage.

Avant d'aller dans l'eau, Maxime veut mettre
ses brassards.

– Tu n'as pas besoin de bouées, dit le papa
de Maxime. On reste là où tu as pied.

– Je vais t'apprendre à faire la planche,
dit Clara. Tu te mets sur le dos, tu écartes
les bras et les jambes, et tu te laisses porter.

Maxime commence à faire la planche et,
plouf, il boit la tasse ! Il est un peu vexé.

Tous les jours, Maxime s'entraîne à faire
la planche. À la fin de la semaine, il réussit
à flotter.

– Tu essaies de tenir jusqu'à vingt ? lui dit
son papa. Je compte : un, deux, trois,
quatre… vingt ! Tu es un champion !
Maxime sort de l'eau. Il est très content.

Ensuite, Clara et Maxime jouent sur la plage :
ils cherchent des crabes dans les algues,
ils font du cerf-volant, ils ramassent de jolis
coquillages et ils construisent un château
de sable.

Sur le chemin de la maison, Maxime demande à Clara :

– Comment as-tu appris à nager ?

– Tous les mercredis, je suis allée à la piscine. Le maître-nageur m'a expliqué comment bouger les bras et les jambes. Je te montrerai demain.

Le lendemain, Clara nage à côté de Maxime.
Le papa de Maxime met ses mains sous
le ventre de Maxime, et Maxime s'applique
à bouger les bras et les jambes.
– Regarde, j'avance ! s'écrie Maxime.
– Bravo ! dit Clara.

Les jours suivants, Maxime s'entraîne à nager au bord de l'eau. Un matin, sa maman lui dit :

– Tu as fait beaucoup de progrès. Si tu veux, tu peux aller plus loin maintenant.

Maxime avance dans la mer. Il dit :

– Ça y est, je sais nager ! Oh, mais qu'est-ce que c'est ? Un requin ! Je coule !

La maman de Maxime court vers lui et le rassure :

– Ne t'inquiète pas, ce n'est pas un requin. Ton pied a sans doute touché une algue.

Clara dit à Maxime :

– Viens, on va aller voir les poissons et les étoiles de mer près des rochers. Prends ton masque et ton tuba.

Clara met sa tête sous l'eau, Maxime l'imite.

– Que c'est beau au fond de l'eau ! s'exclament Clara et Maxime.

Maxime fait des progrès tous les jours.
Il nage maintenant presque aussi bien
que Clara.
Pour fêter l'exploit de Maxime, la maman
de Clara propose d'aller dîner à la crêperie.
– Miam ! Je vais commander une crêpe
au chocolat ! déclare Maxime.
– Et moi, une crêpe au caramel au beurre
salé ! dit Clara.

C'est la fin des vacances en Bretagne.

Sur le bateau, Maxime et Clara regardent
la mer.

– Qu'est-ce qu'elle est belle ! dit Clara.

– J'ai envie de retourner nager, dit Maxime.

– Viens à la piscine avec moi, propose Clara.

Comme ça, l'été prochain, on pourra aller
à Belle-Île à la nage !

Mon petit dossier

Lecture

1 Je lis les mots en décomposant les syllabes.

promener   crêperie   crabe   cerf-volant

2 Je montre le mot qui correspond à chaque dessin.

voilier	poison	casque	champignon
voiture	boisson	masque	jambon
poirier	poisson	marche	champion

3 Je remets les mots dans l'ordre et je recopie les phrases dans mon cahier.

a. Belle-Île.   enfants   à   partent   Les   vacances   en

b. apprend   nager   brassards.   à   sans   Maxime

c. beaucoup   crêpes.   les   Clara   aime

Vocabulaire

1 Je lis les mots et je montre ceux qui sont dans l'histoire.

le sable   le port   les goélands   la neige   les brassards

la guitare   les algues   la girafe   le bateau   le phare

2 Je montre la phrase qui a le même sens que la phrase encadrée.

a. | Clara fait la planche. |
- Clara flotte sur le dos.
- Clara construit un radeau.

b. | Maxime boit la tasse. |
- Maxime mange un bol de soupe.
- Maxime avale de l'eau en nageant.

3 Je trouve le rébus.

4 Je trouve la charade.

Mon **premier** est le père du faon.

Mon second est le petit de la vache et du taureau.

Mon **troisième** est le contraire de rapide.

On joue souvent avec mon tout sur les plages.

Compréhension

1 Je remets les images de l'histoire dans l'ordre.

a.

b.

c.

2 Je dis si les phrases sont vraies ou fausses.

a. Maxime et Clara passent
leurs vacances en Corse. | Vrai | Faux |

b. Clara a appris à nager à la piscine. | Vrai | Faux |

c. À la fin des vacances, Maxime
sait nager. | Vrai | Faux |

3 Je réponds aux questions.

a. Pourquoi Maxime est-il vexé ?

b. Pourquoi les enfants vont-ils dîner à la crêperie ?

c. Et toi, aimes-tu te baigner ? Pourquoi ?

Petite histoire du maillot de bain

Il y a 150 ans

Il y a 100 ans

Les femmes se baignent en **costume de bain**, qui est composé d'un pantalon, d'une chemise et d'un bonnet.

Les hommes et les femmes portent le même costume : un **justaucorps** sans manches.

Il y a 70 ans

Les maillots de bain sont différents pour les hommes et pour les femmes : **maillot deux-pièces** pour les femmes et **slip de bain** pour les hommes.

Le dico illustré

l'algue

le cerf-volant

le champion

le coquillage

le crabe

la crêpe

l'étoile de mer

le goéland

le phare

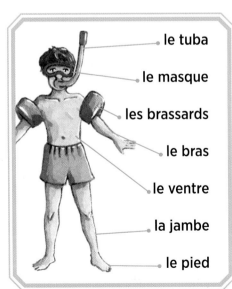
le tuba
le masque
les brassards
le bras
le ventre
la jambe
le pied

la piscine

le requin

le voilier

Dans la même collection

Niveau **1**

Niveau **2**

Niveau **3**

Mon petit dossier

Réponses

Lecture. 2. voilier; poisson; masque; champion. 3. a. Les enfants partent en vacances à Belle-Île. b. Maxime apprend à nager sans brassards. c. Clara aime beaucoup les crêpes.

Vocabulaire. 1. le sable, le port, les goélands, les brassards, les algues, le bateau, le phare. 2. a. Clara flotte sur le dos. b. Maxime avale de l'eau en nageant. 3. pie/scie/nœud : piscine. 4. cerf/veau/lent : cerf-volant.

Compréhension. 1. b, c, a. 2. a. faux; b. vrai; c. vrai. 3. a. Maxime est vexé parce qu'il a bu la tasse. b. Les enfants vont dîner à la crêperie pour fêter l'exploit de Maxime, qui a appris à nager.

IMPRIM'VERT®

Imprimé en France par Loire Offset Titoulet à Saint-Étienne
N° d'édition : 007629/01 - N° d'impression : 2013051610
Dépôt légal : juin 2013